TOI
mon infinitude

22, rue Huyghens, 75014 PARIS

ISBN : 2-226-10579-4

Jacques Salomé

TOI
mon infinitude

Calligraphies
Hassan Massoudy

Albin Michel

Naissance d'un livre

J'ai rencontré Hassan Massoudy pour la première fois dans un petit livre : *Le Poète du désert*. Et je l'ai vu quelques années plus tard, au printemps 1997 dans un stand au Salon du livre de Paris. La file était longue, car il prenait le temps de calligraphier délicatement, amoureusement un mot d'accueil et le nom qu'il demandait à chacun. J'ai vu cet homme appliqué, centré, intensément présent dans le geste avec lequel il dessinait l'envol ou l'aile dansante d'un signe. Je le voyais aussi relevant chaque fois la tête, plongeant son regard vers son vis-à-vis à l'écoute de son propre dessin chez l'autre. J'ai aimé le sérieux, la rigueur, la beauté de cet homme.

Nous avons échangé quelques mots, et déjà j'avais imaginé de lui offrir quelques textes avec l'espoir qu'il pourrait un jour les illustrer.

Il a répondu très chaleureusement à mon envoi.

C'est ainsi qu'a commencé la gestation de ce livre, autour de quelques poèmes d'amour et de tendresse, quand les mots tentent de dire les moments où les emportements et la détresse de la passion irriguent un espoir inépuisable qui ne se ferme jamais. Hassan a fait ainsi un premier choix de mots et d'images et j'ai voulu nourrir les premiers pas de ce livre en lui envoyant du sable et des ocres de Roussillon en Provence, village où je vis. J'imaginais déjà des pages nappées d'or et d'orange, de rouge et de miel entre le bleu étonné du ciel et le blanc d'une saison en attente.

Nous avons décidé de construire l'ouvrage autour des quatre saisons de l'amour et d'une cinquième à inventer dans l'impatience d'une existence pleine.

Les mots ont travaillé en lui, en moi.

Et puis un matin je suis venu à Paris, dans l'atelier de Hassan situé au bord du canal de l'Ourcq, et j'ai découvert émerveillé l'accord des dessins et des textes.

Hassan me dévoilait patiemment chaque calligraphie, la déposant à côté de la phrase, du texte qu'elle habitait. J'ai redécouvert, ému, la force d'un mot, le mouvement d'un sentiment, la vibration d'une émotion dans l'accord des couleurs, dans les volutes et les envols déposés comme une caresse. J'ai accueilli l'enveloppement, le bercement qui chantait autour de mes textes pour les élever, les porter jusqu'au cœur d'une offrande.

Chaque dessin disait le mot essentiel, calligraphié comme une danse pour le prolonger en vibrations lumineuses accordées au message. L'ensemble, étalé sur le sol, était saisissant de beauté, véritable ballet de couleurs qui s'inscrirait plus tard dans un livre.

Puis Hassan m'a raconté son propre cheminement :

> « *Je m'étais évadé de Paris pour un temps de vacances et de dépaysement dans le Sud de Lyon. Je lisais tes textes au lever du jour, à l'éveil du soleil. Tes poèmes sur ma table de travail, et moi tourné vers la large fenêtre à l'écoute du mouvement du ciel. Je suivais, chaque matin, le cortège lyrique des nuages en voyage, de la nature murmurante, de la vie qui chantait.*
> *Chez moi,* me dit-il, *c'est l'homme qui va vers la femme et se laisse féconder par elle.*
> *De même, j'allais vers les couleurs qui m'entouraient, vers le mouvement, l'accord impalpable de l'instant avec l'éphémère d'un émoi, d'un sentiment. Chaque mot de tes poèmes était là, autour de moi présent, vivant sous mes yeux.*
> *Le texte s'incarnait sous mon regard chaque matin, à proximité de main, d'odeur et de corps à corps.*
> *Je tentais de calligraphier un seul mot pour dire tout le sens du texte. Je rejoignais l'émerveillement, le paradoxe, la difficulté ou le conflit d'une relation d'amour qui se cherche. A l'image du soleil qui chaque jour se dégage de la nuit, je tentais, d'accorder le sens et l'image.*
> *Il y avait aussi des mots plus secrets, tels* souvenirs, regrets, liberté, bonheur, joie *; eux, je les agrandissais en moi au profit de tous mes proches qui suivaient mon travail...* »

Hassan parla longtemps de sa création et j'ai voulu en garder l'essentiel. Ainsi nous nous étions rejoints bien au-delà de la rencontre. Ce livre est le témoignage de cet accomplissement.

Jacques Salomé

L'amour c'est quand je te souris
et que tu t'**illumines**
émerveillée
de me recevoir
en entier

Quand mes yeux émerveillés
te disent
l'étonnement
de ton regard

Je me laisse aller aux projets
de tes yeux
Je me dénude aux cascades
de ta **chaleur** offerte

Devenir
cadeau
pour un seul
de tes **regards**

J'ai traversé bien des
déserts pour t'atteindre
oasis

J'ai renoncé à bien des
mots pour t'écouter
silence

Tu m'as ouvert les bras
pour retenir un avenir
d'**espace**

Terre d'accueil
offrande absolue
je suis né de tes mains
porté par ton regard
émerveillé
accueilli par ta tendresse

Quand **ton corps** jaillit
en étoiles
je deviens
un ciel ébloui
tu ruisselles et te
multiplies
en vagues de tendresse
pour baigner
les cris de
l'innocence
ta main appel
dessine la création
du monde
et ma naissance
éclat
te rejoint
aux creux
de tes rires

Je recueille au matin
ton premier **sourire**
devenant soleil

Un jour
il y aura plein
de tendresses ensoleillées
dans **les moissons**
de nos rencontres
Il y aura le plein
de désirs étonnés
dans les vendanges
de ton corps
et cela même
surprendra
tous mes souvenirs

Ta **tendresse**
Une île émerveillée
réveillée
à chacun de nos regards

Car nul ne sait
Jusqu'où ira
l'amour d'un seul regard
Et nul n'apprend
où se perdra
le regard d'un seul amour

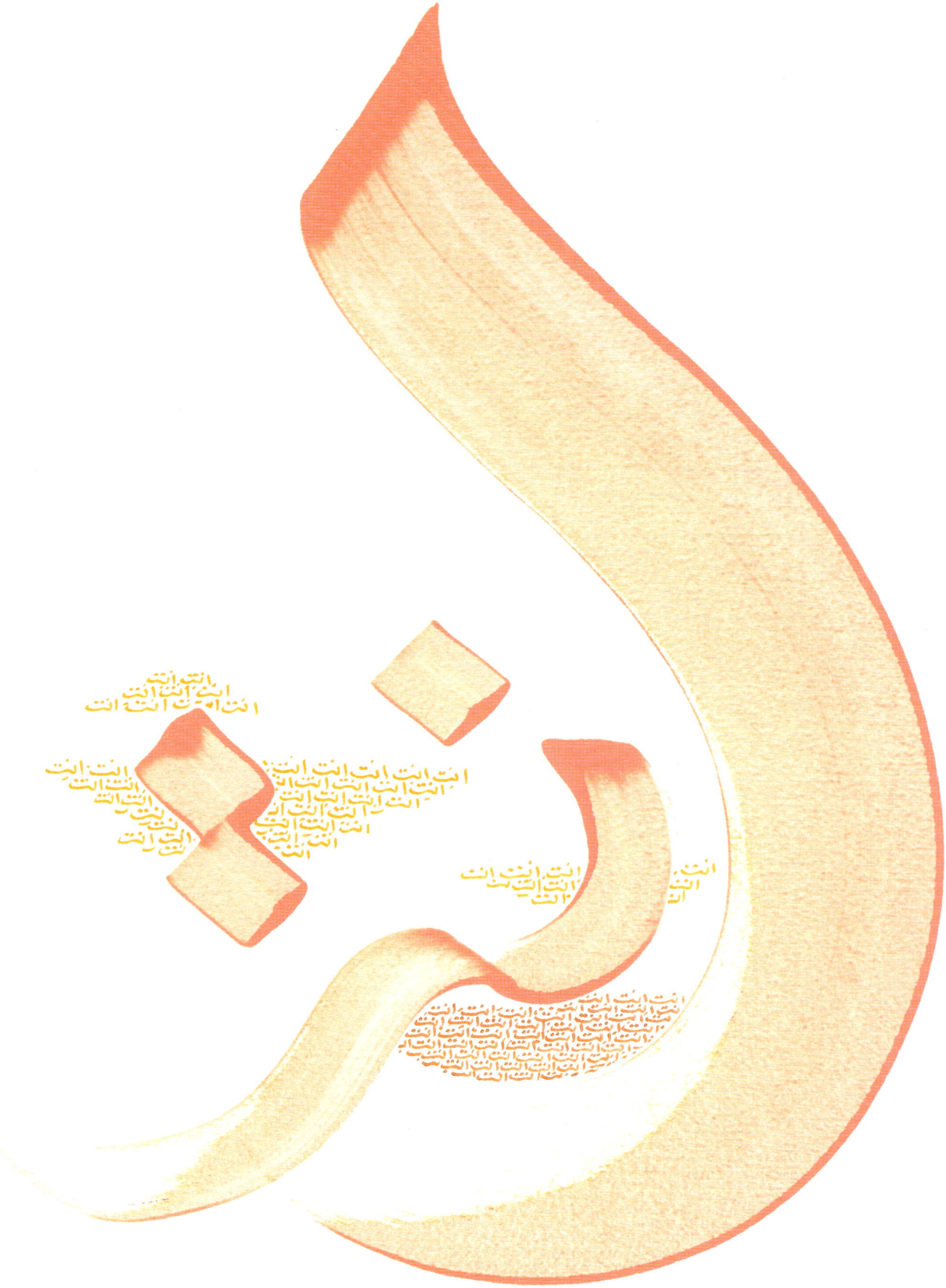

Oh non tu ne m'occupes pas en entier
tu es seulement
l'espace qui m'entoure
Cette poussière lumineuse
des nuages
c'est **toi**
Cette odeur en dentelle
ces bruits scintillants
c'est toi
Cette attente du temps retrouvé
le soleil éclaté
c'est toi

Il y a certainement **des déserts** à traverser
il y a des folies brûlantes à rencontrer
et des peines aux blessures insondables
il y a l'inconnu des peurs
il y a les interrogations du regret
mais
quand le temps s'étire à se briser
le silence oscille entre vide
et néant

الصحاري

Je ne te demande pas
de tout me donner
je te demande d'oser
le **meilleur** de toi

Si tu avais su
le merveilleux
en toi
pour créer
l'impossible
en moi

Nous nous perdons
et nous rencontrons
le plus souvent
aux portes closes de nos inconscients
et là
commence un abîme rouge et noir
Nous n'osons plus croire que le chemin
du cosmos
pour un **envol** libre et fou
passe par là

اللانهاية

Puis je t'emporte
dans l'infini dédale
de nos partages
avec tous mes autres langages

L'Ensolitude est un grand cercle
avec ce **vide** immobile
où je ne te rejoins pas
car je me cherche encore

Je reste à la dérive
de ton insatisfaction
foudre-écho
de tes orages

صاعقة
الصاعقة

En attentes vaines
je m'**éloigne** de toi
étonné de ne plus me reconnaître
je croyais tellement être

Il faut parfois
se déchirer à nouveau
pour ne pas se briser
tout à fait
dans un **sursaut** de vie

Au temps des larmes
brûlantes et arides
succède la blanche rosée
des **souvenirs** trahis

Quand le temps des **regrets**
chasse celui des désirs
monte la sève du mourir d'une vie

J'ai découvert
la vie
comme **une urgence**
devant des jours
écartelés
qui se dérobaient
en silence

Avec toi vraiment cheminer
par de si **longues routes**
détournées aux espaces du temps
Avec toi toujours se partager
pour s'agrandir
Avec toi certainement
écarter les souffrances
Et de renaissance en renaissance
Avec toi parfois sans toi
à te chercher encore

طرق طويلة

Je fermerai la bouche aux silences
je détournerai les violences
de la violence
je me ferai vague et odeur du temps
pour devenir un éclat de **bonheur**
fiché en toi
un éclat de bonheur
oui
retenu
préservé du chaos
pour toi

Un tout petit regard suffit parfois
à **l'énergie** d'un projet
un geste esquissé
pour modeler l'espace

Mon amour **sable**
je t'ai perdu
à trop te serrer
A trop m'émerveiller
au miracle de ton grain
je t'ai égaré

Nos douleurs
sont une île déserte
nos tendresses
les vagues d'un océan à inventer
nos rires
les voiliers de la vie

De quel **feu**
es-tu flamme
pour brûler mes
impatiences

De quel miel
es-tu lumière
pour illuminer **la nuit**

De quelle **étoile**
es-tu venue
pour m’emporter si loin

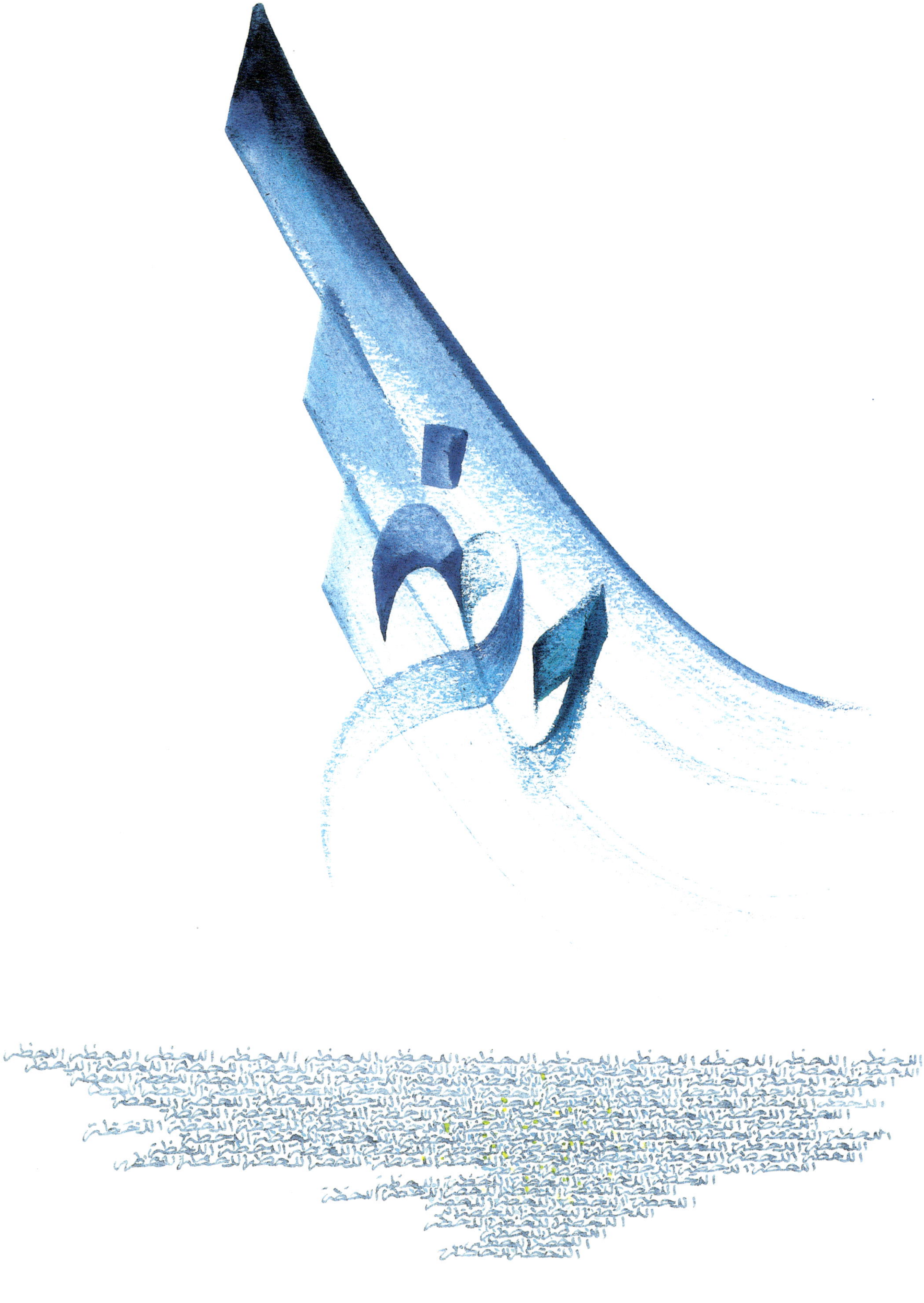

Je te vois vivante
rieuse ou silencieuse
Il me suffit d'ouvrir
un espace de rêve
dans **l'instant** qui me traverse
de ralentir mon pas
de respirer plus doux

J'ai appris de toi l'absolu
du présent
l'intensité du désir
le précieux des souvenirs
et l'infinie douceur de l'attente

Avec toi
j'ai crû par des jours
trop gris
en **des soleils** réprimés

Quand mon souffle
recrée le tien
pour en mêler **les songes**
et ouvrir ainsi
à une naissance

Ta présence vitale
ton accueil limpide
le trop-plein de
gestes inespérés

Je te dirai
toi
telle
une soie d'**orient**
miracle échappé
à l'exode du temps

Tu restes mon **horizon**
au point de fuite
de mes regards

A l'autre bout de toi
ô ma patrie secrète
je dérive vers mes rires
j'y dépose mes **joies**

Et ce goût du bonheur
qui soudain m'émerveille
chante si fort la vie
que soudain je **m'éveille**

De naissance en naissance
De partage en offrande
Nous réinventons
un bonheur au présent

Te rencontrer
sans te réduire
Te désirer
sans te posséder
T'aimer
sans t'envahir
Te dire
sans me trahir
Te garder
sans te dévorer
T'agrandir
sans te perdre
T'accompagner
sans te guider
Et être ainsi moi-même
au plus secret de toi

Tu navigues au grand large
Sur **le voilier** immense
de mes bras
étoilés

Entre **l'eau** du ciel
et la soif de la terre
tu sais dire
mon corps

Au dépouillement de l'amour
la fête de nos vies
s'élance vers la beauté
la plus fascinante
celle de **la liberté**

En inventant cet amour-là
l'un puis l'autre
nous fûmes plus **éternels**
que de coutume

Ô mon amour
je t'aime sans hésiter
pour toi amour
je me sens
inventeur de bonheur

Toi
mon désir pollen
mon plaisir **miel**
ma tendresse abeille
ma folie soleil

Dis-moi qui tu es
dit le DÉSIR
Je suis la porte ouverte
à l'**arc-en-ciel** des possibles

قوس قزح

Calligraphie de couverture

« Amour »

Cet ouvrage a été composé par
I.G.S – Charente Photogravure à L'Isle-d'Espagnac
et imprimé par Mame Imprimeurs à Tours
Dépôt légal Août 1998. N° 98062216.